AF188170

Impressum
Verlag: BABADADA GmbH, Nedderfeld 112 , 22529 Hamburg
Geschäftsführer / Verlagsleitung: Harald Hof
Druck: Books on Demand GmbH, In de Tarpen 42, 22848 Norderstedt

Imprint
Publisher: BABADADA GmbH, Nedderfeld 112 , 22529 Hamburg, Germany
Managing Director / Publishing direction: Harald Hof
Print: Books on Demand GmbH, In de Tarpen 42, 22848 Norderstedt, Germany

skole

xue xiao

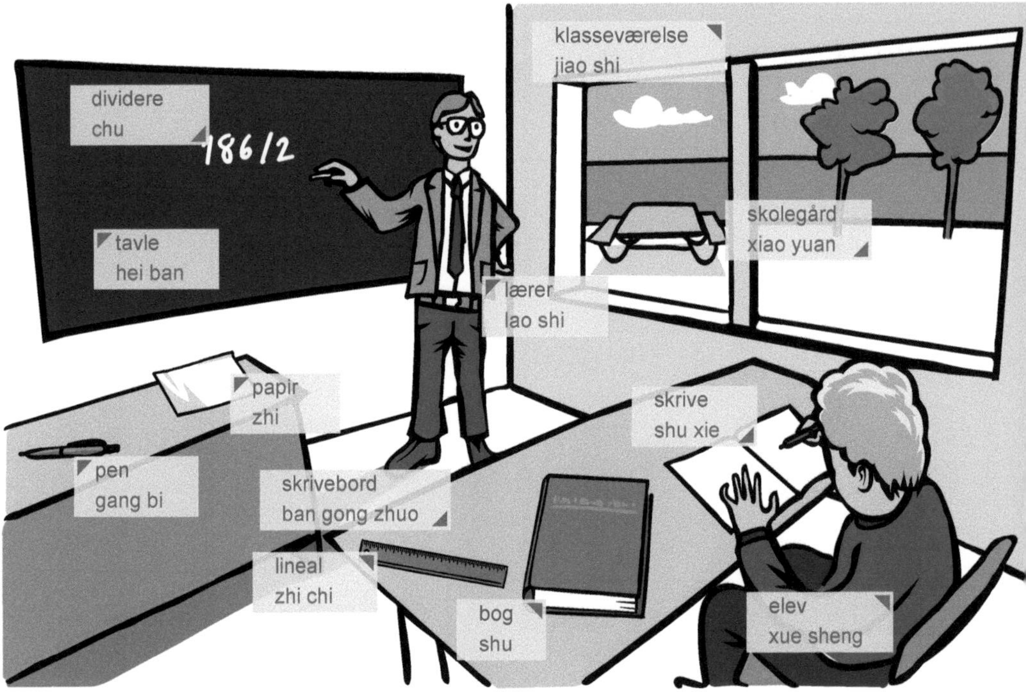

klasseværelse
jiao shi
dividere
chu
186/2
tavle
hei ban
skolegård
xiao yuan
lærer
lao shi
papir
zhi
skrive
shu xie
pen
gang bi
skrivebord
ban gong zhuo
lineal
zhi chi
bog
shu
elev
xue sheng

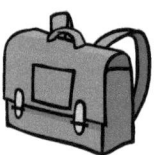

skoletaske

shu bao

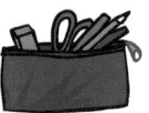

penalhus

qian bi he

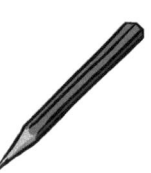

blyant

qian bi

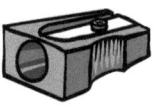

blyantspidser

juan bi dao

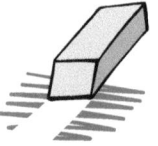

viskelæder

xiang pi ca

tegneblok

hua ban

tegning

tu hua

pensel

hua bi

æske med vandfarver

yan liao he

saks

jian dao

lim

jiao shui

opgavehefte

lian xi ce

lektie

jia ting zuo ye

tal

shu zi

addere

jia

subtrahere

jian

multiplicere

cheng

regne

ji suan

bogstav

zi mu

alfabet

zi mu biao

ord

zi

tekst

ke wen

læse

du

kridt

fen bi

time

shang ke

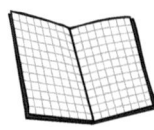

klasseprotokol

deng ji

eksamen

kao shi

karakterbog

zheng shu

skoleuniform

xiao fu

uddannelse

jiao yu

leksikon

bai ke quan shu

universitet

da xue

mikroskop

xian wei jing

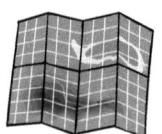

kort

di tu

papirkurv

fei zhi kuang

rejse
lü xing

hotel
jiu dian
Grand
herberg
qing nian lü xing she
vekselkontor
wai bi dui huan chu
kuffert
shou ti xiang
bil
qi che

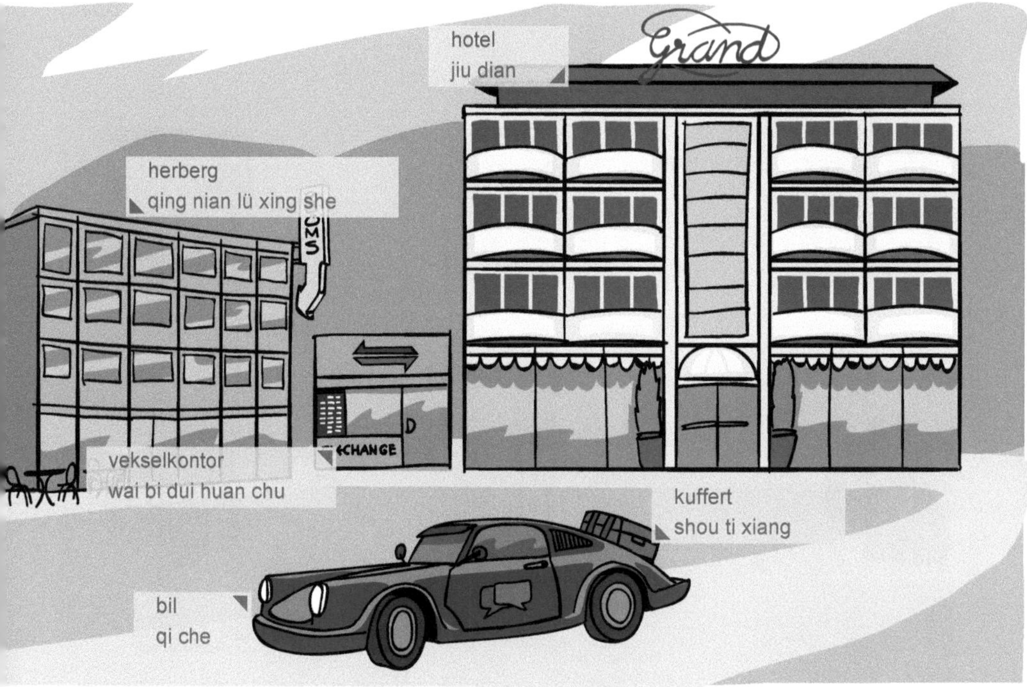

sprog

yu yan

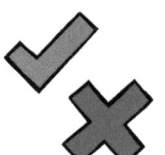

ja / nej

shi/fou

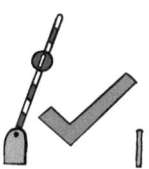

okay

hao de

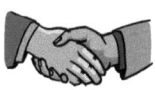

hej

nin hao

oversætter

fan yi yuan

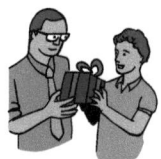

tak

xie xie

hvad koster...?

......duo shao qian?

Jeg forstår ikke

wo bu ming bai

problem

wen ti

God aften!

wan shang hao!

God morgen!

zao shang hao!

God nat!

wan an!

farvel

zai jian

retning

fang xiang

bagage

xing li

taske

bao

rygsæk

shuang jian bao

gæst

ke ren

værelse

fang jian

sovepose

shui dai

telt

zhang peng

rejse - lü xing

turistinformation

lü you xin xi

strand

hai tan

kreditkort

xin yong ka

morgenmad

zao can

middagsmad

wu can

aftensmad

wan can

billet

piao

elevator

dian ti

frimærke

you piao

grænse

bian jie

told

hai guan

ambassade

da shi guan

visum

qian zheng

pas

hu zhao

transport
jiao tong yun shu

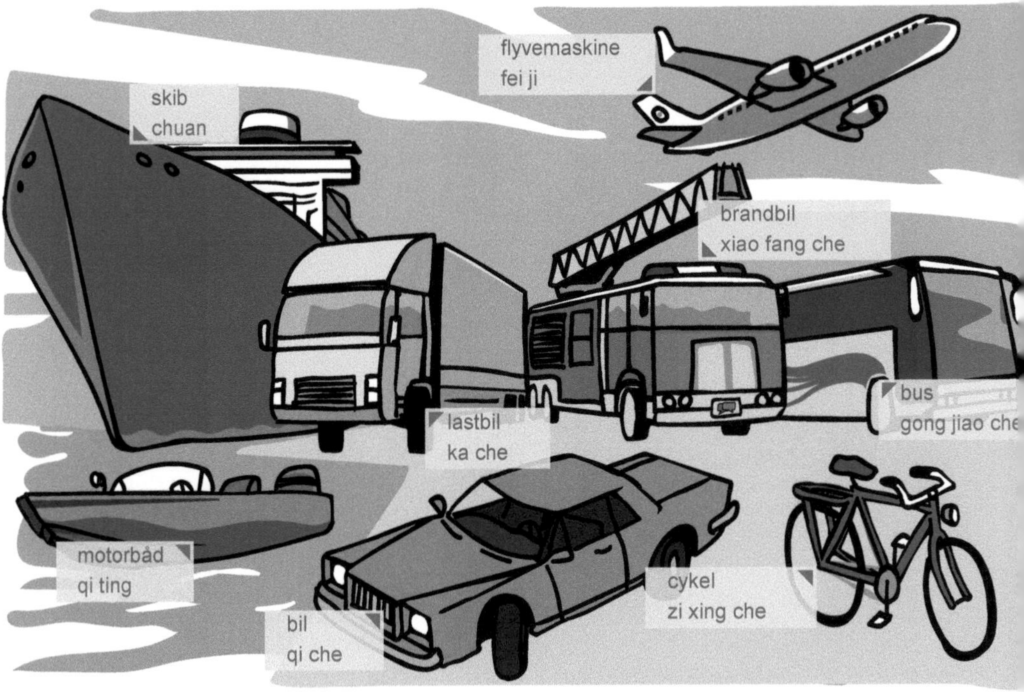
flyvemaskine
fei ji
skib
chuan
brandbil
xiao fang che
bus
gong jiao che
lastbil
ka che
motorbåd
qi ting
cykel
zi xing che
bil
qi che

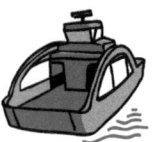

færge

bai du chuan

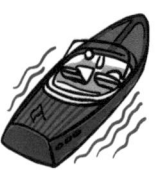

båd

xiao chuan

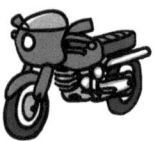

motorcykel

mo tuo che

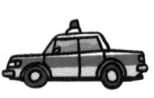

politibil

jing che

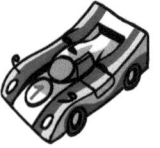

racerbil

sai che

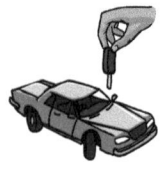

lejebil

zu che

samkørsel

pin che

kranbil

tuo che

skraldebil

la ji che

motor

fa dong ji

benzin

qi you

tankstation

jia you zhan

trafikskilt

jiao tong biao zhi

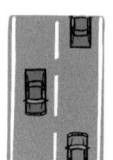

trafik

jiao tong

trafikprop

jiao tong du sai

parkeringsplads

ting che chang

banegård

huo che zhan

skinner

gui dao

tog

huo che

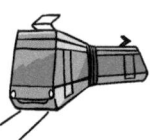

sporvogn

dian che

wagon

huo che

helikopter

zhi sheng ji

lufthavn

ji chang

tårn

ta

passager

cheng ke

container

ji zhuang xiang

karton

zhi ban xiang

kærre

shou tui che

kurv

lan zi

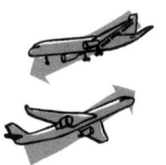

starte / lande

qi fei/jiang luo

by

cheng shi

landsby

cun zhuang

bymidte

shi zhong xin

hus

fang zi

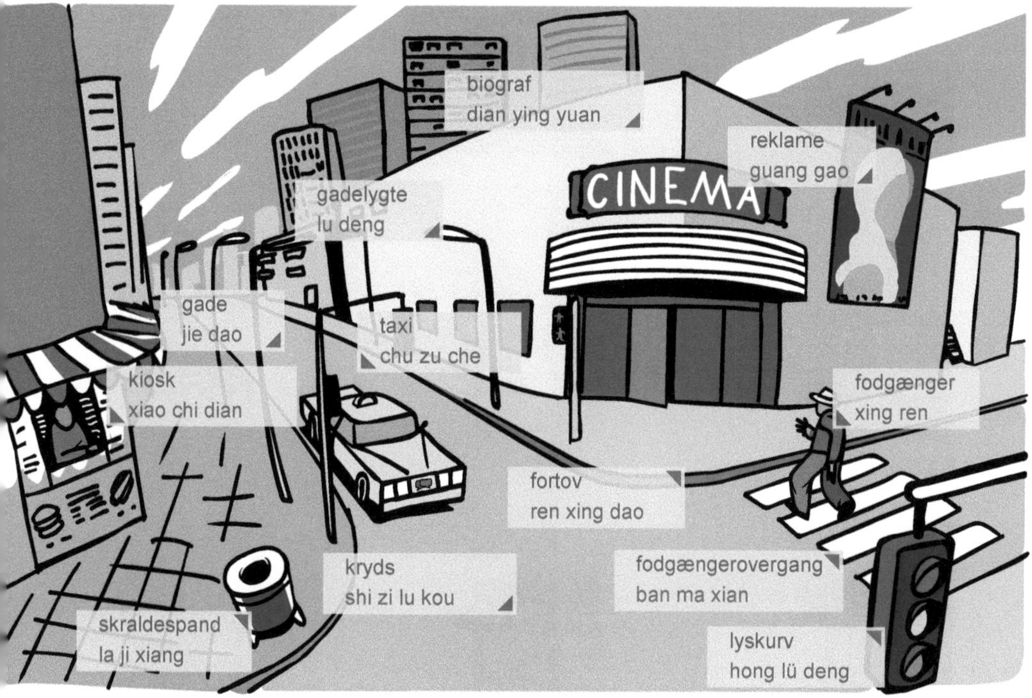

biograf
dian ying yuan

reklame
guang gao

gadelygte
lu deng

CINEMA

gade
jie dao

taxi
chu zu che

kiosk
xiao chi dian

fodgænger
xing ren

fortov
ren xing dao

kryds
shi zi lu kou

fodgængerovergang
ban ma xian

skraldespand
la ji xiang

lyskurv
hong lü deng

hytte

xiao wu

lejlighed

gong yu

banegård

huo che zhan

rådhus

shi zheng ting

museum

bo wu guan

skole

xue xiao

universitet

da xue

bank

yin hang

sygehus

yi yuan

hotel

jiu dian

apotek

yao fang

kontor

ban gong shi

boghandel

shu dian

butik

shang dian

blomsterbutik

hua dian

supermarked

chao shi

marked

shi chang

stormagasin

bai huo shang dian

fiskehandler

yu dian

butikscenter

gou wu zhong xin

havn

hai gang

park	bænk	bro
gong yuan	chang deng	qiao

trappe	undergrundsbane	tunnel
lou ti	di tie	sui dao

busstoppested	barnevogn	restaurant
gong jiao che zhan	jiu ba	can guan

postkasse	vejskilt	parkometer
you tong	lu biao	ting che ji shi qi

zoo	badeanstalt	moske
dong wu yuan	you yong guan	qing zhen si

bondegård
....
nong chang

miljøforurening
....
wu ran

kirkegård
....
mu di

kirke
....
jiao tang

legeplads
....
cao chang

tempel
....
si miao

landskab
di xing

blad
shu ye

vejviser
zhi shi pai

vej
lu

eng
cao di

sten
shi tou

vandrer
tu bu lü xing zhe

træ
shu

flod
he

græs
cao

blomst
hua

dal

xia gu

bjerg

shan

sø

hu

skov

sen lin

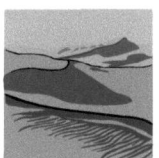

ørken

sha mo

vulkan

huo shan

slot

cheng bao

regnbue

cai hong

svamp

mo gu

palme

zong lü shu

moskito

wen zi

flue

cang ying

myre

ma yi

bi

mi feng

edderkop

zhi zhu

bille

jia chong

frø

qing wa

egern

song shu

pindsvin

ci wei

hare

ye tu

ugle

mao tou ying

fugl

niao

svane

tian e

vildsvin

ye zhu

hjort

lu

elg

mi lu

dæmning

shui ba

vindmølle

feng li fa dian ji

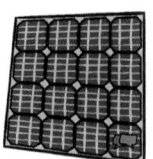

solcellemodul

tai yang neng dian chi ban

klima

qi hou

restaurant
can guan

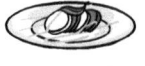

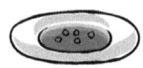

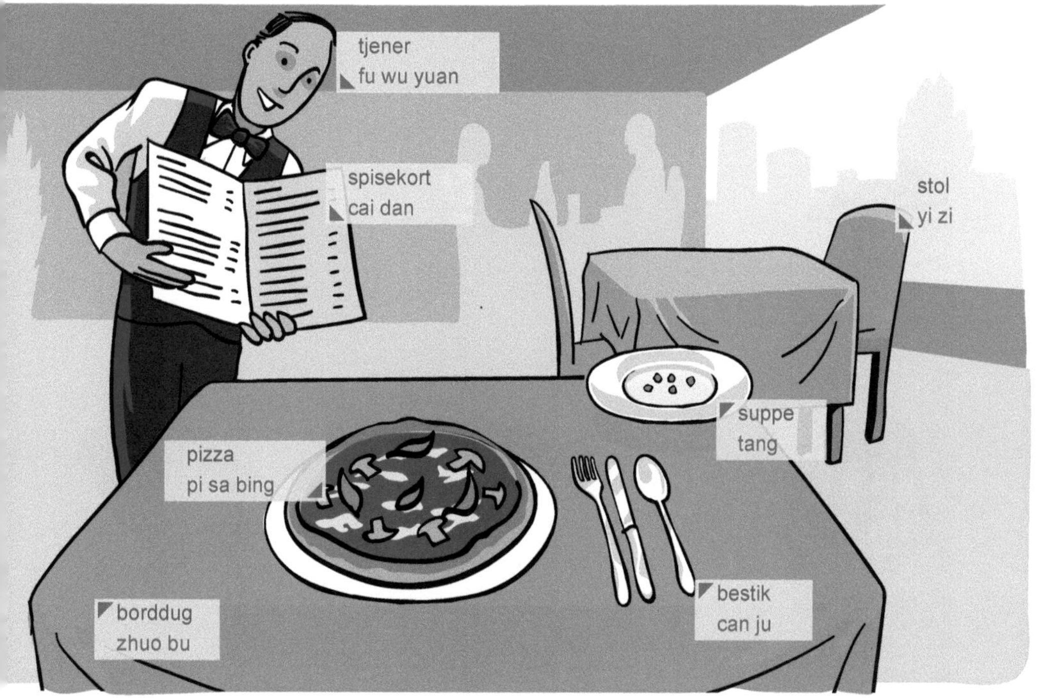

tjener
fu wu yuan
spisekort
cai dan
stol
yi zi
suppe
tang
pizza
pi sa bing
borddug
zhuo bu
bestik
can ju

forret

qian cai

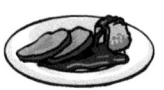

hovedret

zhu cai

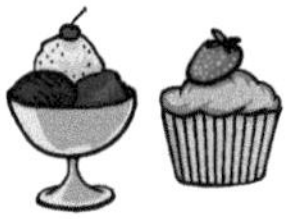

dessert

tian dian

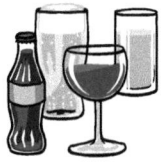

drikkevarer

yin liao

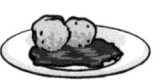

mad

shi wu

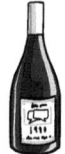

flaske

ping zi

fastfood

kuai can

streetfood

jie bian xiao chi

tekande

cha hu

sukkerdåse

tang he

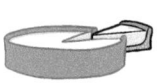

portion

yi fen fan cai

espressomaskine

yi shi ka fei ji

barnestol

gao jiao yi

faktura

zhang dan

tablet

tuo pan

kniv

dao

gaffel

can cha

ske

shao zi

teske

cha chi

serviet

can jin

glas

bo li bei

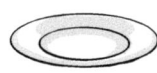

tallerken

die zi

dyb tallerken

tang pan

underkop

die zi

sovs

jiang

saltbøsse

yan ping

peberkværn

hu jiao mo

eddike

cu

olie

shi yong you

krydderier

tiao wei liao

ketchup

fan qie jiang

sennep

jie mo

mayonnaise

dan huang jiang

supermarked
chao shi

tilbud
te jia
FOR
kunde
gu ke
mælkeprodukter
ru zhi pin
frugt
shui guo
indkøbsvogn
gou wu che

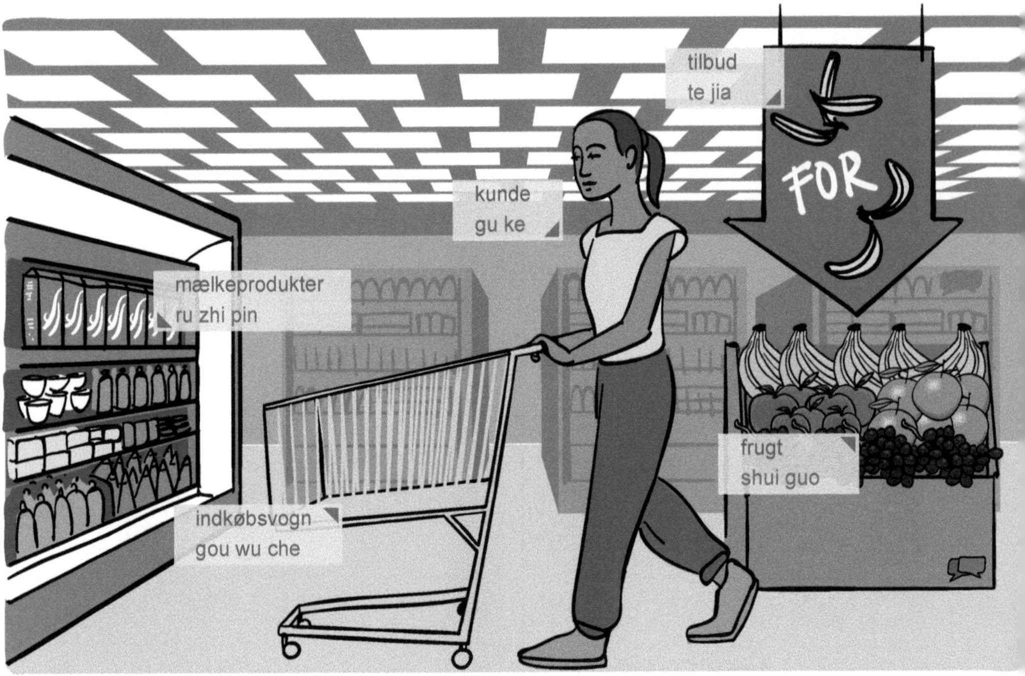

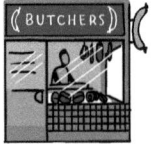

BUTCHERS

slagter

rou pu

BAKERY

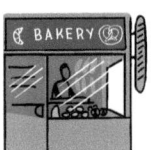

bageri

mian bao fang

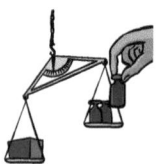

veje

cheng zhong

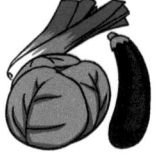

grøntsager

shu cai

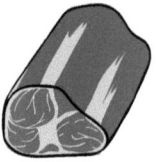

kød

rou

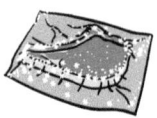

frostvarer

leng dong shi pin

pålæg

leng pan

konserves

guan tou shi pin

vaskemiddel

xi yi fen

slik

tian shi

husholdningsvarer

ri yong pin

rengøringsmidler

qing jie yong pin

ekspedient

xiao shou yuan

kasse

shou yin ji

kasserer

shou yin yuan

indkøbsliste

gou wu qing dan

åbningstider

kai fang shi jian

tegnebog

qian bao

kreditkort

xin yong ka

taske

dai zi

plasticpose

su liao dai

vand

shui

saft

guo zhi

mælk

niu nai

cola

ke le

vin

hong jiu

øl

pi jiu

alkohol

jiu

kakao

ke ke

te

cha

kaffe

ka fei

espresso

yi shi nong suo ka fei

cappuccino

ka bu qi nuo

banan

xiang jiao

æble

ping guo

appelsin

cheng zi

melon

xi gua

citron

ning meng

gulerod

hu luo bo

hvidløg

da suan

bambus

zhu zi

løg

yang cong

svamp

mo gu

nødder

jian guo

nudler

mian tiao

spaghetti

yi da li mian tiao

ris

mi fan

salat

sha la

pomfritter

shu tiao

stegte kartofler

zha tu dou

pizza

pi sa bing

hamburger

han bao bao

sandwich

san ming zhi

schnitzel

zha zhu pai

skinke

huo tui

salami

sa la mi

pølse

xiang chang

kylling

ji rou

steg

kao rou

fisk

yu

havregryn

yan mai pian

mysli

mu zi li

cornflakes

yu mi pian

mel

mian fen

croissant

yang jiao mian bao

rundstykke

mian bao juan

brød

mian bao

toast

kao mian bao

kiks

bing gan

smør

huang you

kvark

ning ru

kage

dan gao

æg

dan

spejlæg

jian dan

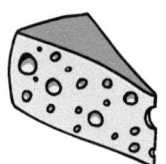

ost

nai lao

is

bing ji lin

sukker

tang

honning

feng mi

marmelade

guo jiang

nougat-creme

qiao ke li jiang

karry

ga li fan

bondegård
nong chang

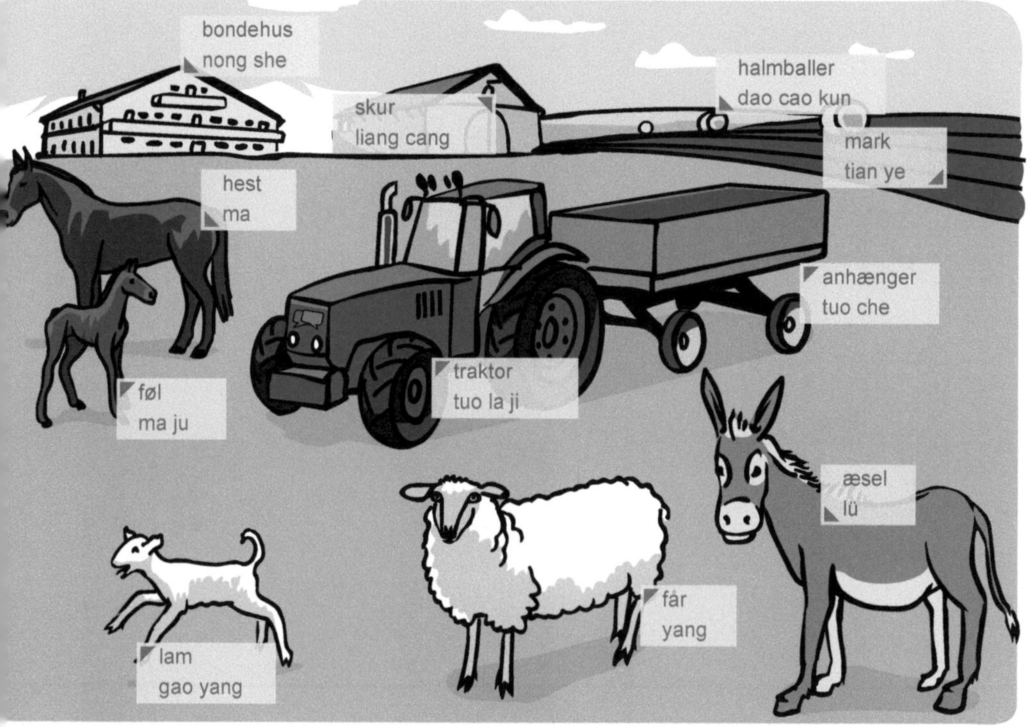
bondehus
nong she
skur
liang cang
halmballer
dao cao kun
mark
tian ye
hest
ma
anhænger
tuo che
føl
ma ju
traktor
tuo la ji
æsel
lü
lam
gao yang
får
yang

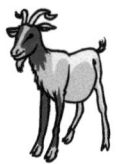

ged

shan yang

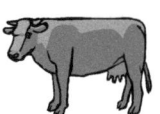

ko

nai niu

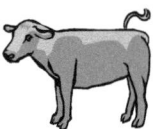

kalv

niu du

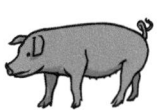

svin

zhu

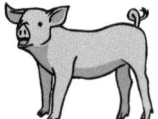

gris

xiao zhu

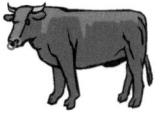

tyr

gong niu

gås

e

and

ya

kylling

xiao ji

høne

mu ji

hane

gong ji

rotte

shu

kat

mao

mus

lao shu

okse

niu

hund

gou

hundehus

gou wu

haveslange

hua yuan jiao shui ruan guan

vandkande

sa shui hu

le

chang bing da lian dao

plov

li

segl

lian dao

hakkejern

chu tou

møggreb

chang bing cao pa

økse

fu tou

trillebør

du lun shou tui che

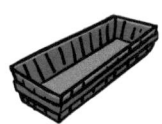

trug

si liao cao

mælkekande

niu nai guan

sæk

ma bu dai

hæk

zha lan

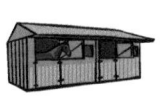

stald

ma jiu

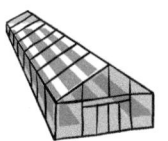

drivhus

wen shi

jord

tu rang

frø

zhong zi

gødning

fei liao

mejetærsker

lian he shou ge ji

høste

shou ge

høst

shou ge

yams

shan yao

hvede

xiao mai

soja

da dou

kartoffel

tu dou

majs

yu mi

raps

you cai zi

frugttræ

guo shu

maniok

shu shu

korn

gu wu

hus
fang zi

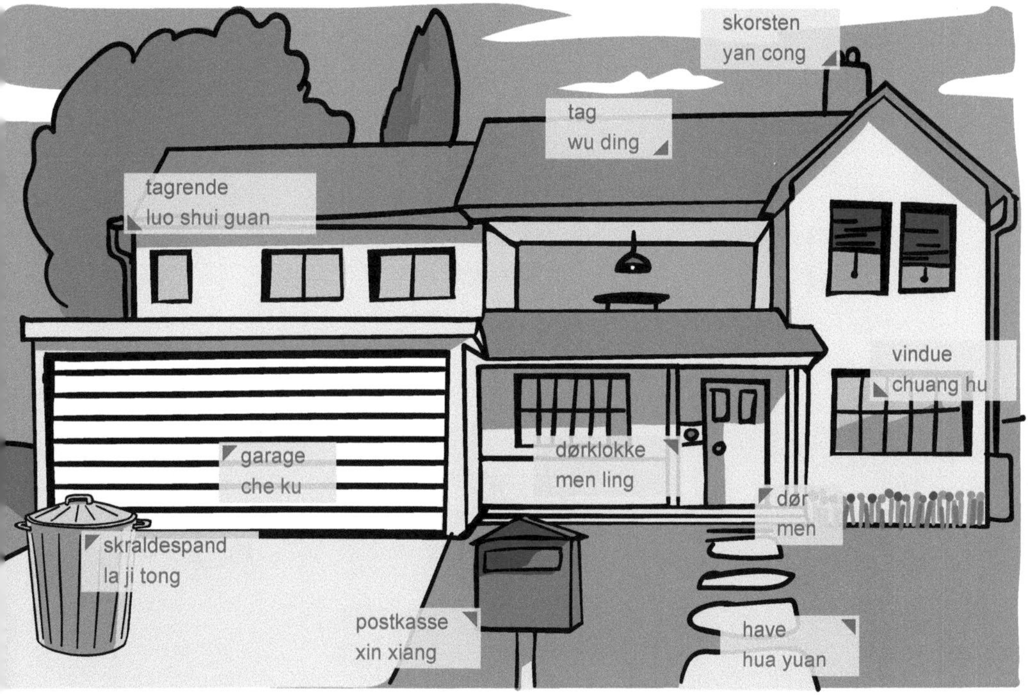
skorsten
yan cong
tag
wu ding
tagrende
luo shui guan
vindue
chuang hu
garage
che ku
dørklokke
men ling
dør
men
skraldespand
la ji tong
postkasse
xin xiang
have
hua yuan

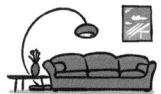

stue
ke ting

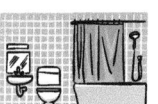

badeværelse
yu shi

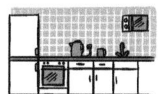

køkken
chu fang

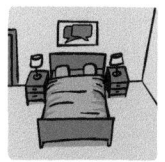

soveværelse
wo shi

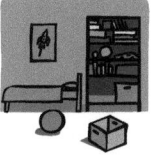

børneværelse
er tong fang

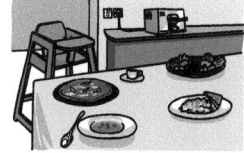

spisestue
can ting

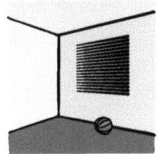

gulv

di ban

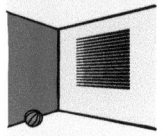

væg

qiang bi

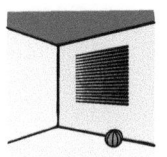

loft

diao ding

kælder

di jiao

sauna

sang na

altan

yang tai

terrasse

lu tai

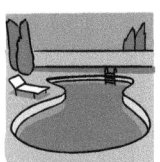

svømmehal

you yong chi

plæneklipper

ge cao ji

dynebetræk

bei dan

dyne

chuang zhao

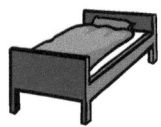

seng

chuang

kost

sao zhou

spand

shui tong

kontakt

kai guan

stue

ke ting

tapet
bi zhi
billede
zhao pian
lampe
tai deng
reol
ge jia
skab
chu gui
fjernsyn
dian shi ji
pejs
bi lu
blomst
hua
pude
dian zi
sofa
sha fa
vase
hua ping
fjernbetjening
yao kong qi

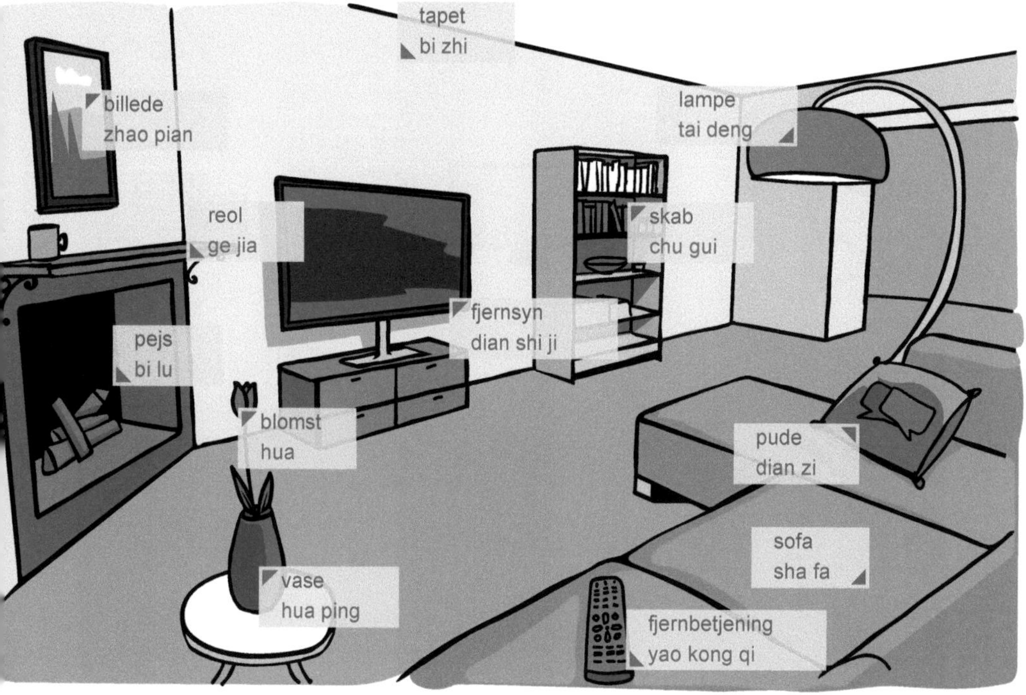

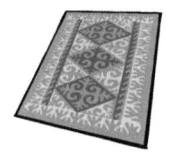

gulvtæppe

di tan

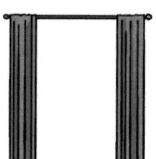

gardin

chuang lian

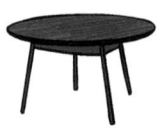

bord

can zhuo

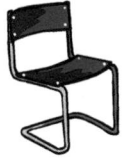

stol

yi zi

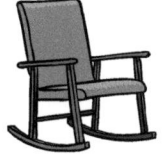

gyngestol

yao yi

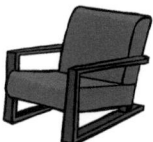

lænestol

fu shou yi

bog

shu

tæppe

tan zi

dekoration

zhuang shi pin

brænde

mu chai

film

dian ying

stereoanlæg

gao bao zhen yin xiang

nøgle

yao shi

avis

bao zhi

maleri

you hua

plakat

hai bao

radio

shou yin ji

notesblok

bi ji ben

støvsuger

xi chen qi

kaktus

xian ren zhang

lys

la zhu

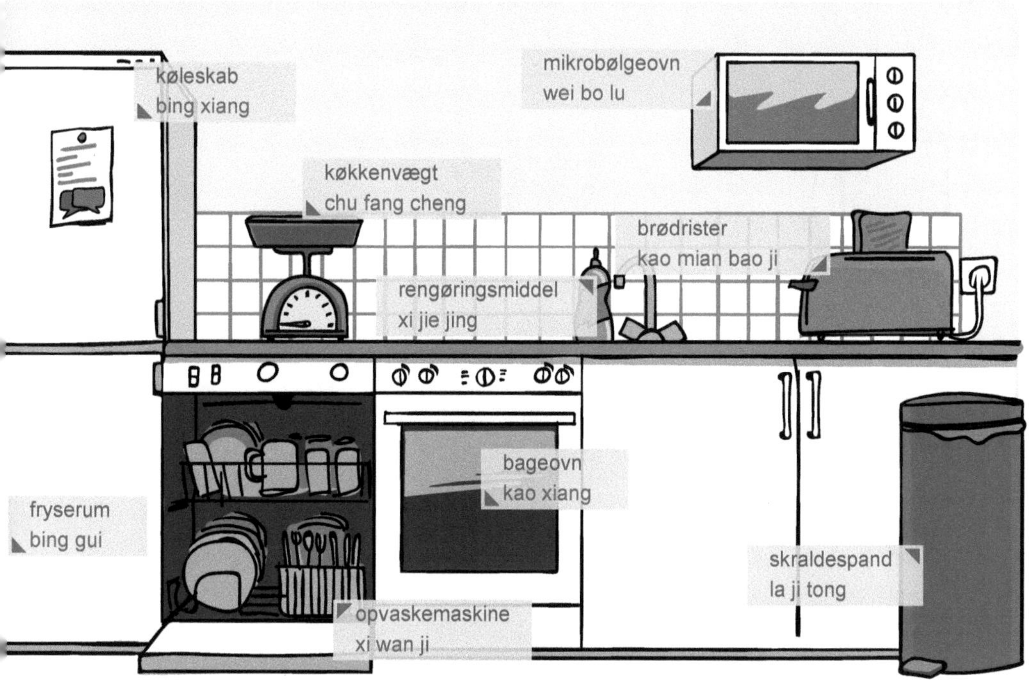

køleskab
bing xiang

mikrobølgeovn
wei bo lu

køkkenvægt
chu fang cheng

brødrister
kao mian bao ji

rengøringsmiddel
xi jie jing

bageovn
kao xiang

fryserum
bing gui

skraldespand
la ji tong

opvaskemaskine
xi wan ji

komfur
chui ju

gryde
guo

jerngryde
zhu tie guo

wok / kadai
sha guo

pande
ping di guo

elkedel
shui hu

dampkoger

zheng guo

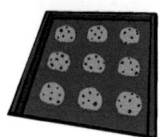

bageplade

kao pan

service

tao ci guo

bæger

ma ke bei

skål

wan

spisepinde

kuai zi

øseske

chang bing shao

paletkniv

chan zi

piskeris

jiao ban qi

dørslag

lü wang

si

shai zi

rive

mo sui ji

morter

yan bo

grille

shao kao

ildsted

ming huo

skærebræt

cai ban

kagerulle

gan mian zhang

proptrækker

kai ping qi

dåse

guan zi

dåseåbner

kai ping qi

grydelap

ge re shou tao

køkkenvask

shui cao

børste

shua zi

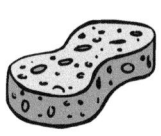

svamp

hai mian

blender

jiao ban ji

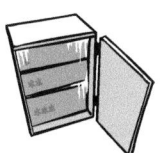

dybfryser

leng cang xiang

sutteflaske

nai ping

vandhane

shui long tou

badeværelse

yu shi

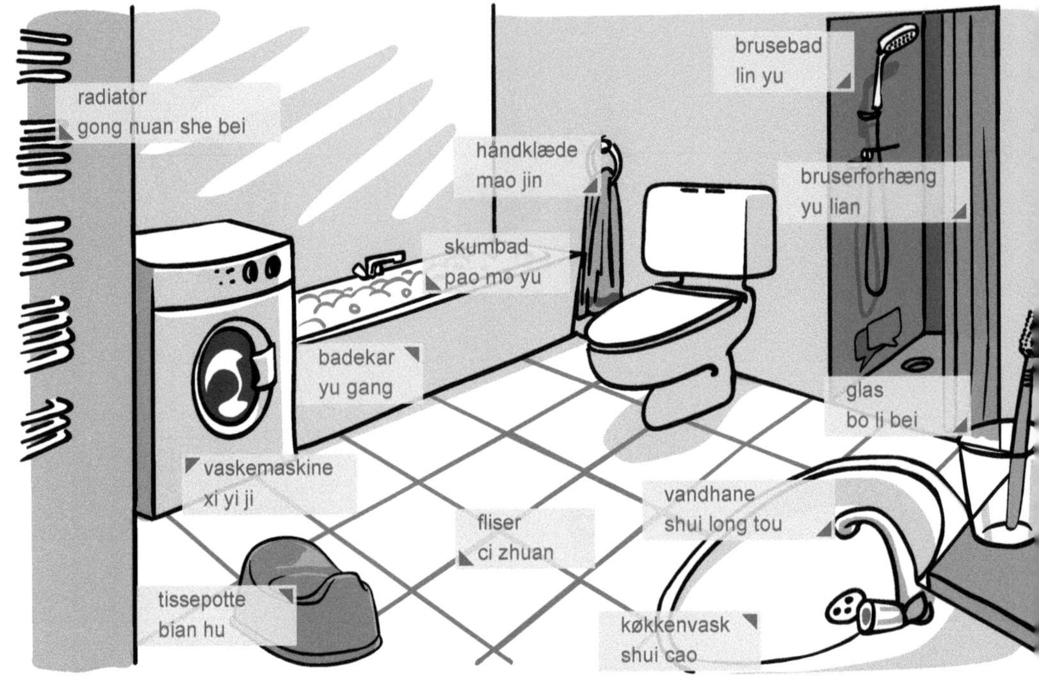

radiator
gong nuan she bei
håndklæde
mao jin
brusebad
lin yu
bruserforhæng
yu lian
skumbad
pao mo yu
badekar
yu gang
vaskemaskine
xi yi ji
glas
bo li bei
vandhane
shui long tou
fliser
ci zhuan
tissepotte
bian hu
køkkenvask
shui cao

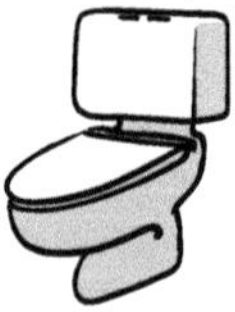

toilet

ce suo

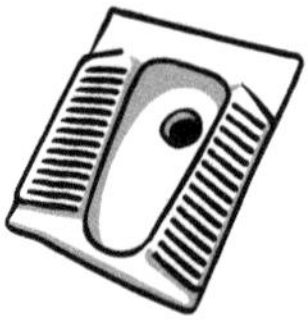

hugsiddende toilet

dun bian qi

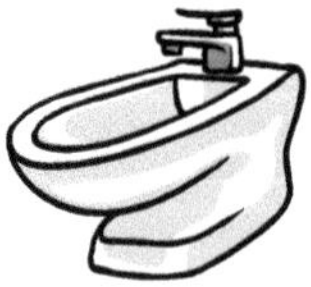

bidet

zuo yu qi

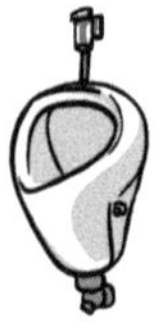

pissoir

xiao bian chi

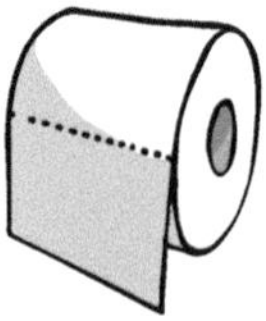

toiletpapir

ce zhi

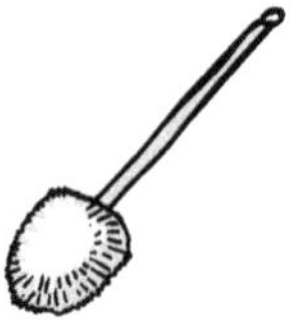

toiletbørste

ma tong shua

tandbørste

ya shua

tandpasta

ya gao

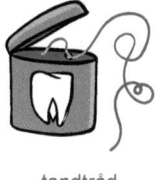

tandtråd

ya xian

vaske

xi

håndbruser

shou chi shi pen lin tou

intimbruser

chong xi qi

vaskefad

xi lian pen

badebørste

ca bei shua

sæbe

fei zao

brusegele

mu yu lu

shampoo

xi fa shui

vaskeklud

fa lan rong

afløb

pai shui

creme

ru shuang

deodorant

chu chou ji

spejl

jing zi

kosmetikspejl

shou jing

barberhøvl

ti xu dao

barberskum

ti xu pao mo

barbervand

xu hou shui

kam

shu zi

børste

shua zi

hårtørrer

chui feng ji

hårspray

pen fa ding xing ji

makeup

hua zhuang pin

læbestift

chun gao

neglelak

zhi jia you

vat

hua zhuang mian

neglesaks

zhi jia jian

parfume

xiang shui

toilettaske

xi shu bao

skammel

deng zi

vægt

ji zhong cheng

badekåbe

yu pao

gummihandsker

xiang jiao shou tao

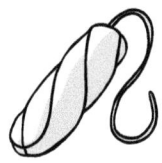

tampon

wei sheng mian tiao

damebind

wei sheng jin

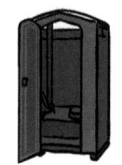

kemisk toilet

hua xue ce suo

børneværelse

er tong fang

vækkeur
nao zhong
bamse
mao rong wan ju
legetøjsbil
wan ju che
skralde
bo lang gu
dukkehus
wan ju wu
gave
li wu

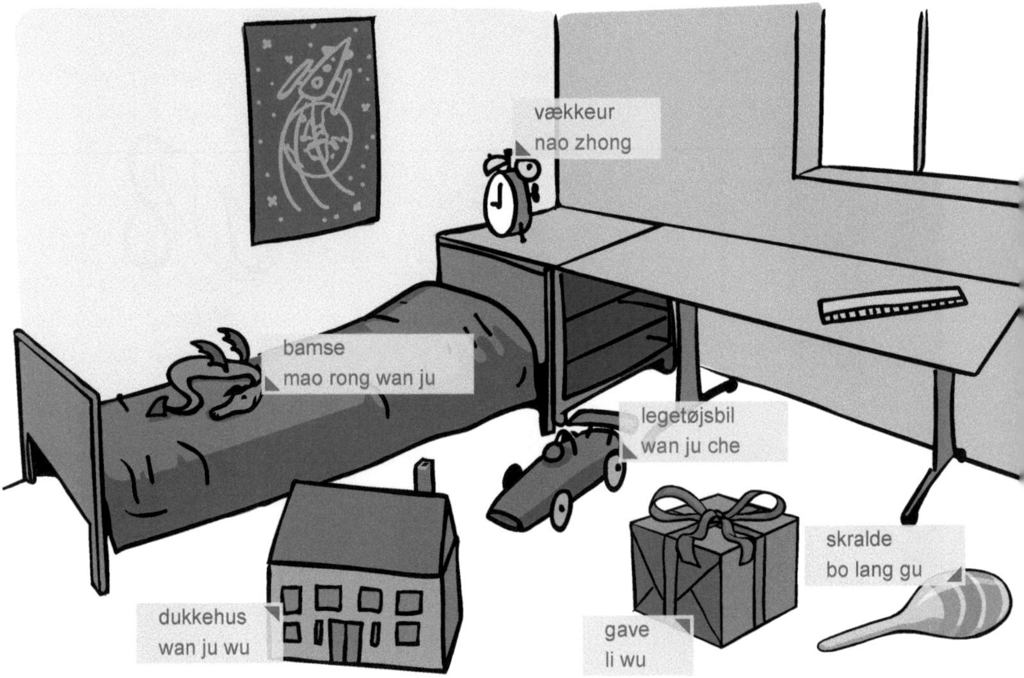

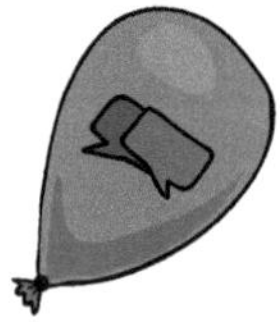

ballon

qi qiu

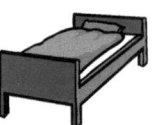

seng

chuang

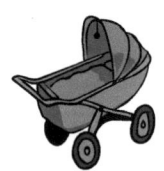

barnevogn

(yang wa wa yong)ying er che

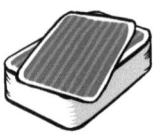

kortspil

pu ke pai

puslespil

pin tu

SUPER MEGA

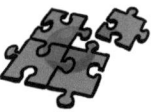

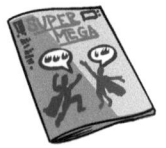

tegneserie

man hua

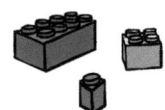

legoklodser

le gao ji mu

byggeklodser

ji mu wan ju

action figur

wan ju ren

sparkedragt

ying er fu

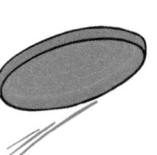

frisbee

fei pan

uro

chuang ling wan ju

brætspil

qi pan you xi

terning

shai zi

modeljernbane

huo che mo xing

sut

an fu nai zui

fest

ju hui

billedbog

hui ben

bold

qiu

dukke

yang wa wa

lege

wan

sandkasse

sha keng

gynge

qiu qian

legetøj

wan ju

spillekonsol

you xi ji

trehjulet cykel

san lun che

bamse

tai di xiong

klædeskab

yi chu

tøj

yi fu

sokker

wa zi

strømper

chang wa

strømpebukser

jin shen ku

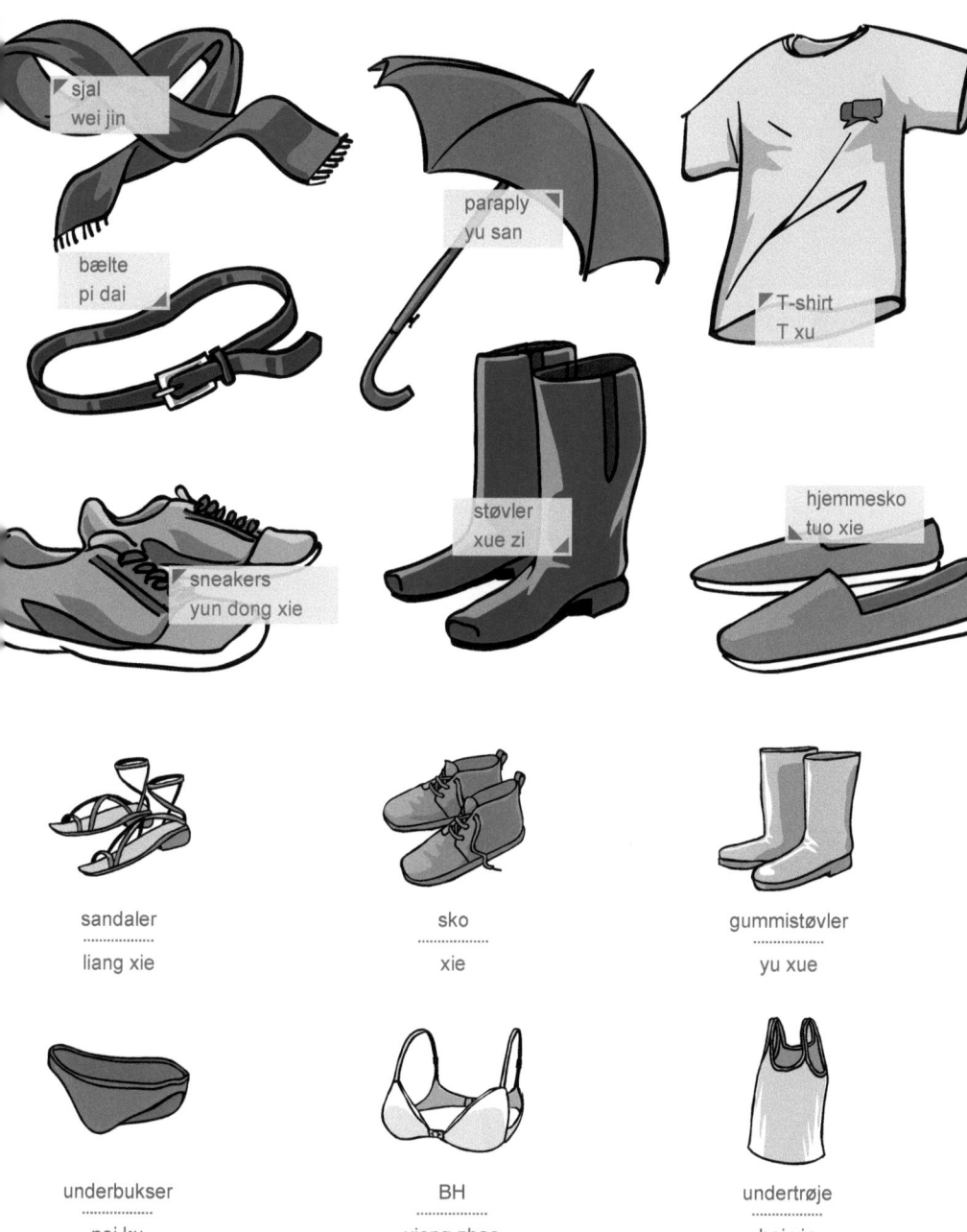

sjal
wei jin

paraply
yu san

T-shirt
T xu

bælte
pi dai

sneakers
yun dong xie

støvler
xue zi

hjemmesko
tuo xie

sandaler	sko	gummistøvler
liang xie	xie	yu xue

underbukser	BH	undertrøje
nei ku	xiong zhao	bei xin

body

shen ti

bukser

ku zi

jeans

niu zai ku

nederdel

duan qun

bluse

nü shi chen shan

skjorte

chen shan

pullover

tao tou shan

sweatshirt

wei yi

blazer

xi zhuang jia ke

jakke

jia ke

frakke

wai tao

regnfrakke

yu yi

kostume

tao zhuang

kjole

lian yi qun

brudekjole

hun sha

tøj - yi fu

jakkesæt

xi zhuang

nattrøje

shui pao

pyjamas

shui yi

sari

sha li

hovedtørklæde

tou jin

turban

bao tou jin

burka

bo ka

kaftan

ka fu tan

abaya

(a la bo shi)chang pao

badedragt

yong yi

badebukser

nan shi yong ku

korte bukser

duan ku

træningsdragt

yun dong fu

forklæde

wei qun

handsker

shou tao

knap

niu kou

briller

yan jing

armbånd

shou lian

kæde

xiang lian

ring

jie zhi

ørering

er huan

hue

bian mao

bøjle

yi jia

hat

mao zi

slips

ling dai

lynlås

la lian

hjelm

tou kui

seler

bei dai

skoleuniform

xiao fu

uniform

zhi fu

tøj - yi fu

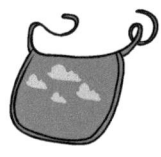

hagesmæk

wei dou

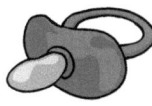

sut

an fu nai zui

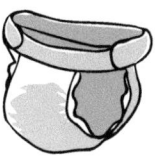

ble

niao bu shi

kontor
ban gong shi

server
fu wu qi
arkivskab
wen jian gui
printer
da yin ji
papir
zhi
skærm
xian shi ping
mus
shu biao
skrivebord
ban gong zhuo
mappe
wen jian jia
tastatur
jian pan
papirkurv
fei zhi kuang
computer
dian nao
stol
yi zi

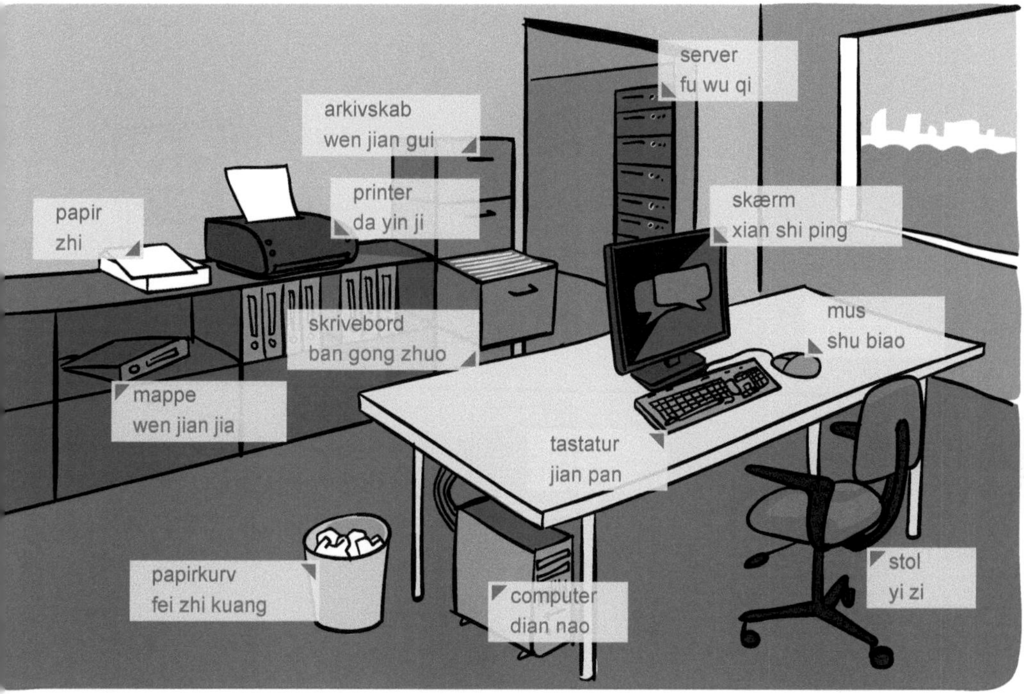

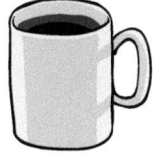

kaffekrus

ka fei bei

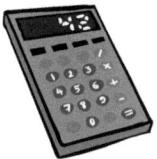

lommeregner

ji suan qi

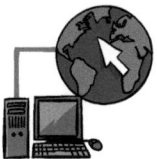

internet

yin te wang

bærbar

bi ji ben dian nao

brev

xin jian

besked

xiao xi

mobil

shou ji

netværk

wang luo

kopimaskine

fu yin ji

software

ruan jian

telefon

dian hua

stikdåse

cha zuo

fax

chuan zhen ji

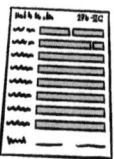

formular

biao ge

dokument

wen jian

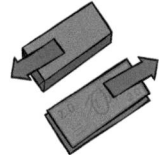

købe

mai

betale

fu qian

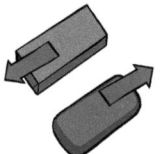

handle

jiao yi

penge

xian jin

dollar

mei yuan

euro

ou yuan

yen

ri yuan

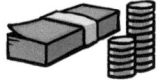

rubel

lu bu

schweizerfranc

rui shi fa lang

renminbi yuan

ren min bi

rupee

lu bi

hæveautomat

ti kuan chu

vekselkontor

wai bi dui huan chu

guld

jin

sølv

yin

olie

shi you

energi

neng yuan

pris

jia ge

kontrakt

he tong

skat

shui jin

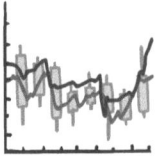

aktie

gu piao

arbejde

gong zuo

ansat

zhi yuan

arbejdsgiver

lao ban

fabrik

gong chang

butik

shang dian

politimand
jing guan

brandmand
xiao fang yuan

kok
chu shi

læge
yi sheng

pilot
fei xing yuan

gartner

yuan ding

tømrer

mu jiang

syerske

cai feng

dommer

fa guan

kemiker

hua xue jia

skuespiller

yan yuan

buschauffør

gong jiao che si ji

taxachauffør

chu zu che si ji

fisker

yu fu

rengøringskone

qing jie nü gong

tagdækker

wu ding gong

tjener

fu wu yuan

jæger

lie ren

maler

hua jia

bager

mian bao shi

elektriker

dian gong

bygningsarbejder

jian zhu gong ren

ingeniør

gong cheng shi

slagter

tu fu

vvs-mand

shui guan gong

postbud

you di yuan

soldat

shi bing

arkitekt

jian zhu shi

kasserer

shou yin yuan

blomsterhandler

hua nong

frisør

li fa shi

togfører

shou piao yuan

mekaniker

ji xie shi

kaptajn

chuan zhang

tandlæge

ya yi

videnskabsmand

ke xue jia

rabbiner

la bi

imam

yi ma mu

munk

he shang

præst

mu shi

værktøj

gong ju

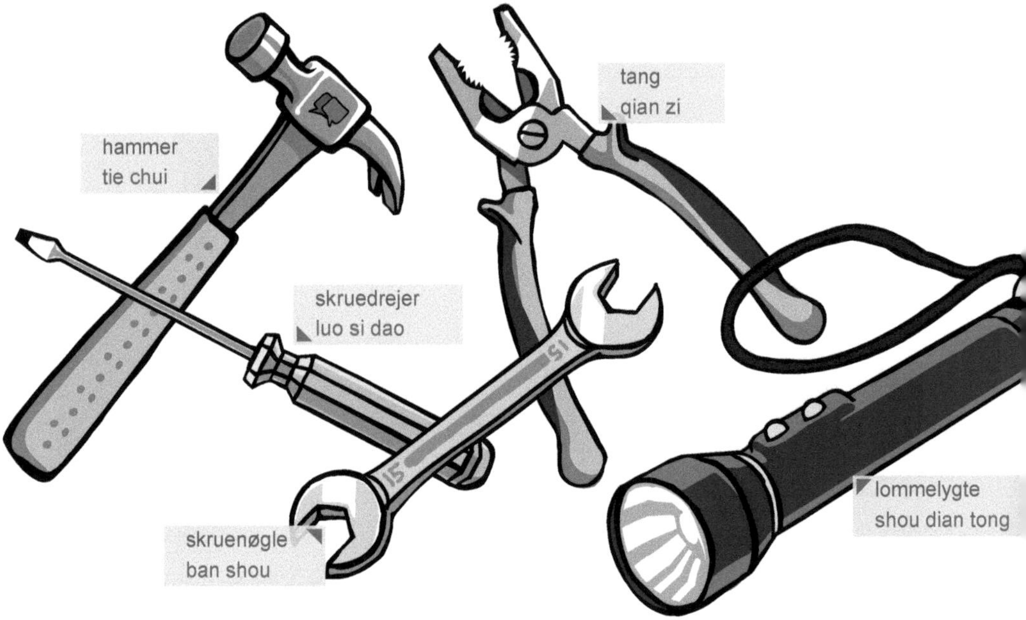

hammer
tie chui
tang
qian zi
skruedrejer
luo si dao
skruenøgle
ban shou
lommelygte
shou dian tong

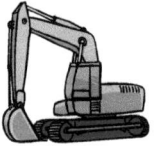

gravemaskine
wa jue ji

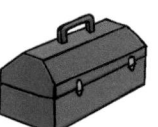

værktøjskasse
gong ju xiang

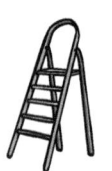

stige
ti zi

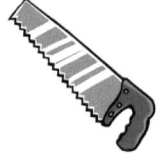

sav
ju zi

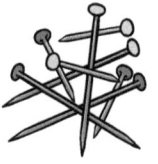

søm
ding zi

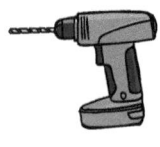

bor
zuan ji

reparere
....
xiu

skovl
....
chan zi

Lort!
....
kao!

fejebakke
....
bo ji

malerspand
....
you qi tong

skruer
....
luo si

musikinstrumenter
yue qi

højttaler
yang sheng qi

trommer
da ji yue qi

guitar
ji ta

kontrabas
di yin ti qin

trompet
xiao hao

klaver

gang qin

violin

xiao ti qin

bas

bei si

pauke

ding yin gu

tromme

gu

keyboard

dian zi qin

saxofon

sa ke si guan

fløjte

chang di

mikrofon

mai ke feng

ZOO
dong wu yuan

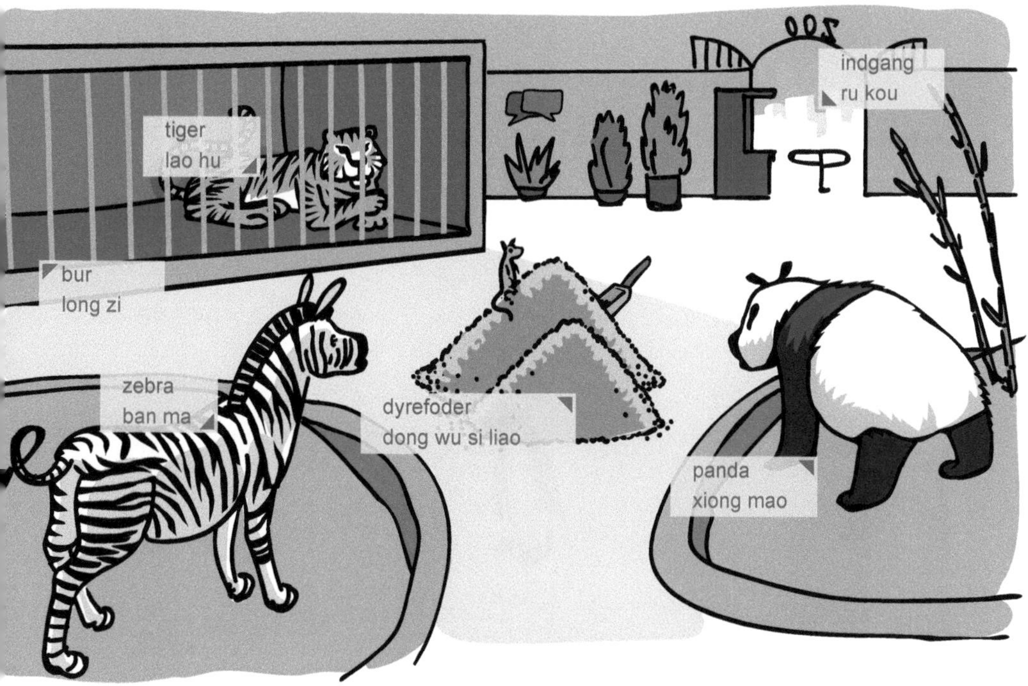

indgang
ru kou
tiger
lao hu
bur
long zi
zebra
ban ma
dyrefoder
dong wu si liao
panda
xiong mao

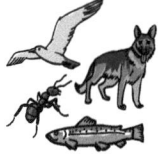

dyr

dong wu

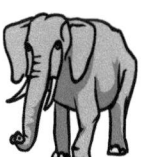

elefant

da xiang

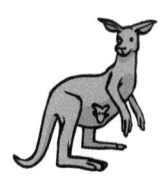

kænguru

dai shu

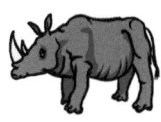

næsehorn

xi niu

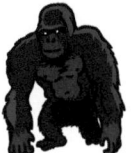

gorilla

da xing xing

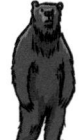

bjørn

xiong

kamel

luo tuo

struds

tuo niao

løve

shi zi

abe

hou zi

flamingo

huo lie niao

papegøje

ying wu

isbjørn

bei ji xiong

pingvin

qi e

haj

sha yu

påfugl

kong que

slange

she

krokodille

e yu

dyrepasser

dong wu yuan guan li yuan

sæl

hai bao

jaguar

mei zhou bao

pony

ai zhong ma

leopard

bao

flodhest

he ma

giraf

chang jing lu

ørn

lao ying

vildsvin

ye zhu

fisk

yu

skildpadde

gui

hvalros

hai xiang

ræv

hu li

gazelle

ling yang

amerikansk football
gan lan qiu

cykling
qi zi xing che

tennis
wang qiu

basketball
lan qiu

svømning
you yong

boksning
quan ji

ishockey
bing qiu

fodbold
ying shi zu qiu

badminton
yu mao qiu

atletik
tian jing

håndbold
shou qiu

skiløb
hua xue

polo
ma qiu

aktiviteter
huo dong

springe
tiao
give et knus
yong bao
grine
xiao
gå
zou lu
synge
chang
drømme
zuo meng
bede
qi dao
kysse
qin wen

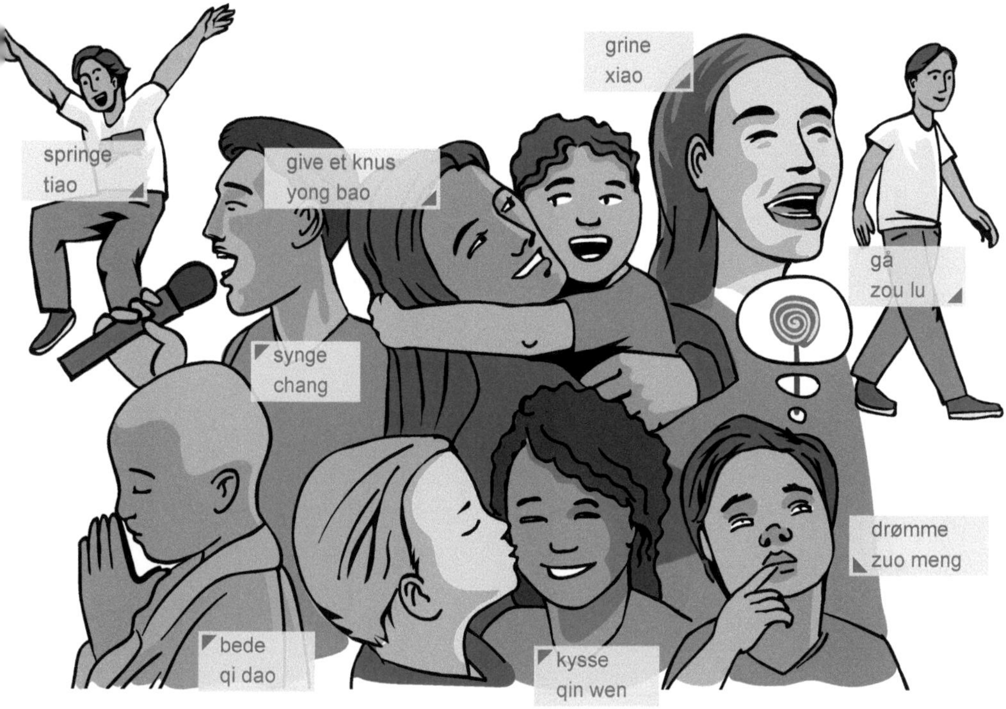

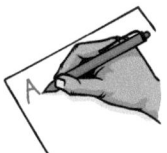

skrive

shu xie

tegne

hua

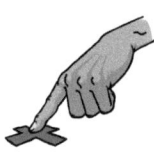

vise

zhan shi

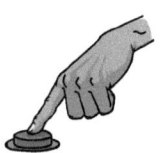

skubbe

tui

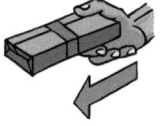

give

gei

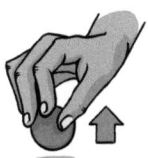

tage

na

have
....
you

gøre
....
zuo

være
....
dang

stå
....
zhan

løbe
....
pao

trække
....
la

kaste
....
reng

falde
....
shuai dao

ligge
....
tang

vente
....
deng dai

bære
....
xie dai

sidde
....
zuo

tage på
....
chuan yi

sove
....
shui jiao

vågne
....
xing lai

se på
kan

græde
ku

ae
fu mo

kæmme
shu tou

tale
jiao tan

forstå
ming bai

spørge
wen

høre
ting

drikke
he

spise
chi

rydde op
qing li

elske
ai

koge
zuo fan

køre
kai che

flyve
fei

sejle

hang xing

regne

ji suan

læse

du

lære

xue xi

arbejde

gong zuo

gifte sig med

jie hun

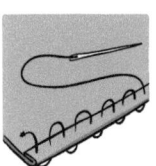

sy

feng

børste tænder

shua ya

dræbe

sha

ryge

chou yan

sende

ji

bedstemor
zu mu

bedstefar
zu fu

far
fu qin

mor
mu qin

baby
ying tong

datter
nü er

søn
er zi

gæst

ke ren

tante

a yi

onkel

shu shu

bror

xiong di

søster

jie mei

krop

shen ti

pande
qian e
øje
yan jing
skulder
jian bang
finger
shou zhi
ansigt
lian
hage
xia ba
hånd
shou
ben
tui
bryst
ru fang
arm
shou bi

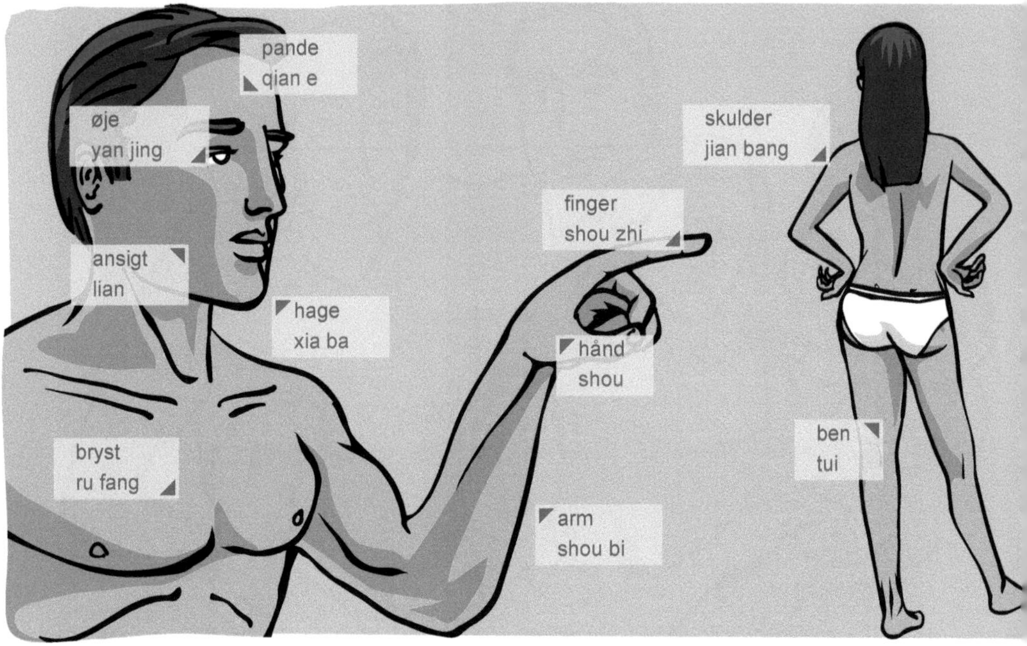

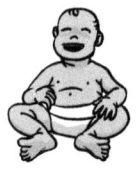

baby

ying tong

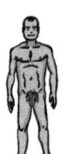

mand

nan ren

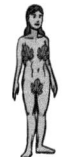

kvinde

nü ren

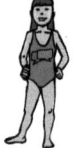

pige

nü hai

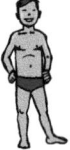

dreng

nan hai

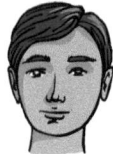

hoved

tou

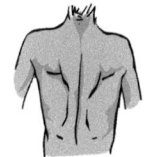

ryg

bei bu

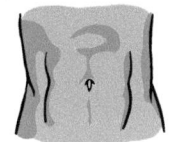

mave

du zi

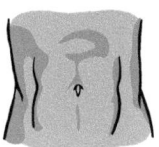

navle

du qi

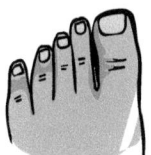

tå

jiao zhi

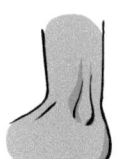

hæl

jiao hou gen

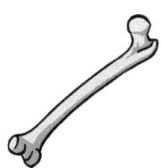

knogle

gu tou

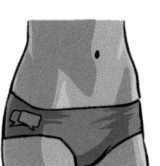

hofte

tun bu

knæ

xi gai

albue

shou zhou

næse

bi zi

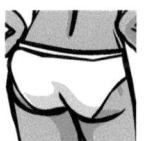

bagdel

pi gu

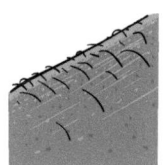

hud

pi fu

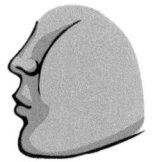

kind

lian jia

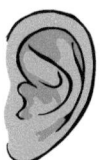

øre

er duo

læbe

zui chun

mund

zui

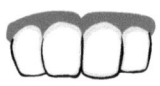

tand

ya chi

tunge

she tou

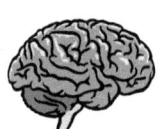

hjerne

nao

hjerte

xin zang

muskel

ji rou

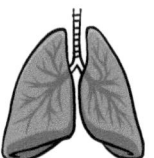

lunge

fei

lever

gan zang

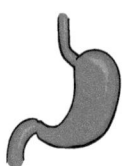

mavesæk

wei

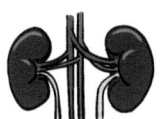

nyrer

shen zang

sex

xing jiao

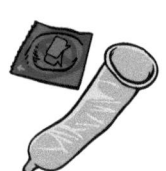

kondom

bi yun tao

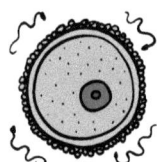

ægcelle

luan zi

sperm

jing zi

svangerskab

huai yun

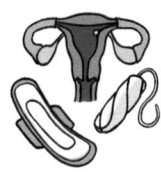

menstruation

yue jing

vagina

yin dao

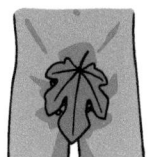

penis

yin jing

øjenbryn

mei mao

hår

tou fa

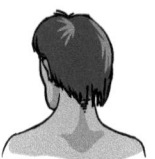

hals

bo zi

sygehus
yi yuan

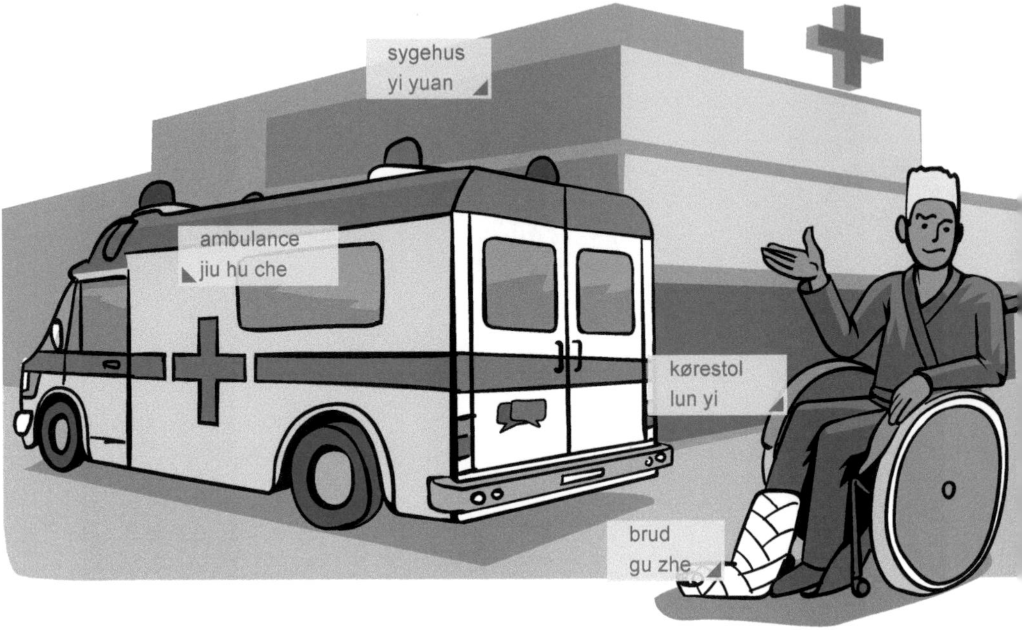

sygehus
yi yuan
ambulance
jiu hu che
kørestol
lun yi
brud
gu zhe

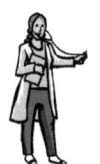

lægе

yi sheng

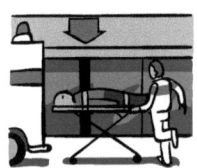

akutmodtagelse

ji zhen shi

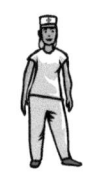

sygeplejerske

hu shi

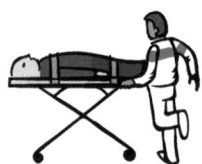

nødstilfælde

jin ji qing kuang

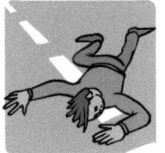

bevidstløs

hun mi

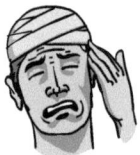

smerte

tong

skade

shou shang

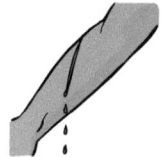

blødning

chu xue

hjerteinfarkt

xin zang bing fa zuo

slagtilfælde

zhong feng

allergi

guo min

hoste

ke sou

feber

fa shao

influenza

liu gan

diarré

fu xie

hovedpine

tou tong

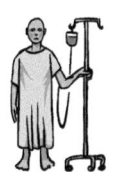

kræft

ai zheng

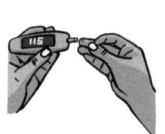

diabetes

tang niao bing

kirurg

wai ke yi sheng

skalpel

shou shu dao

operation

shou shu

CT

CT

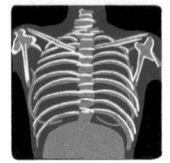

røntgen

X guang

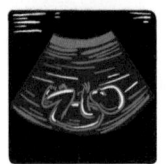

ultralyd

chao sheng bo

maske

kou zhao

sygdom

ji bing

venteværelse

hou zhen shi

krykke

guai zhang

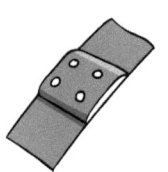

plaster

shi gao

forbinding

beng dai

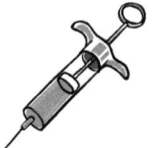

injektion

zhu she

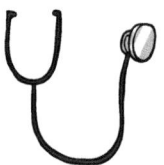

stetoskop

ting zhen qi

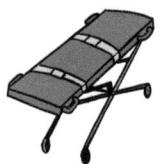

båre

dan jia

termometer

ti wen ji

fødsel

chu sheng

overvægt

chao zhong

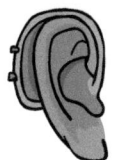

høreapparat

zhu ting qi

desinficerende middel

xiao du ye

infektion

gan ran

virus

bing du

HIV / AIDS

ai zi bing

medicin

yao wu

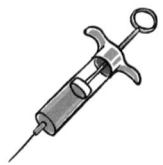

vaccination

jie zhong yi miao

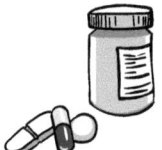

tabletter

yao pian

pille

yao wan

nødopkald

ji jiu dian hua

blodtryksmåler

xue ya ji

syg / rask

sheng bing/jian kang

Hjælp!

jiu ming!

alarm

jing bao

overfald

tu ji

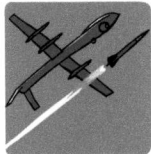

angreb

gong ji

fare

wei xian

nødudgang

jin ji chu kou

Det brænder!

zhao huo la!

ildslukker

mie huo qi

uheld

yi wai

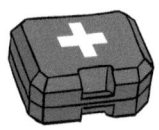

førstehjælps-kuffert

ji jiu xiang

SOS

hu jiu xin hao

politi

jing cha

Europa

ou zhou

Nordamerika

bei mei zhou

Sydamerika

nan mei zhou

Afrika

fei zhou

Asien

ya zhou

Australien

ao zhou

Atlanterhavet

da xi yang

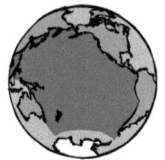

Stillehavet

tai ping yang

Indiske Ocean

yin du yang

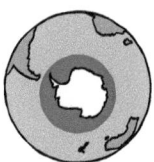

Sydlige Ishav

nan bing yang

Ishav

bei bing yang

Nordpol

bei ji

Sydpol

nan ji

Antarktis

nan ji zhou

Jorden

di qiu

land

lu di

hav

hai

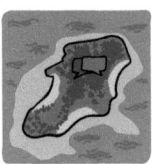

ø

dao

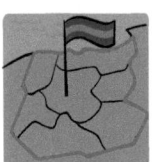

nation

guo jia

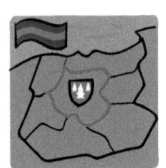

stat

guo jia

urskive
zhong mian

timeviser
shi zhen

minutviser
fen zhen

sekundviser
miao zhen

Hvad er klokken?
xian zai ji dian?

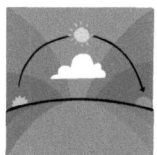

dag
tian

tid
shi jian

nu
xian zai

digitalur
dian zi biao

minut
fen

time
shi

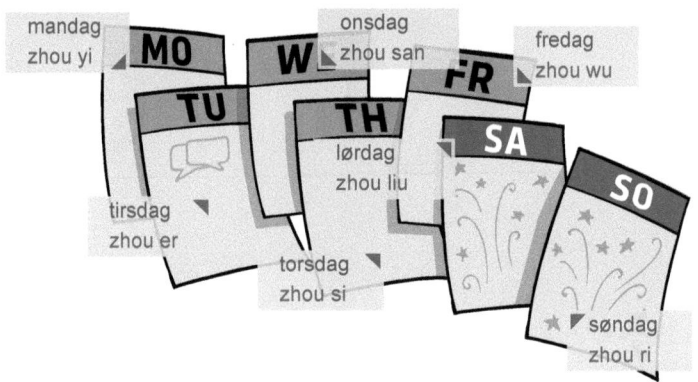

mandag
zhou yi

onsdag
zhou san

fredag
zhou wu

tirsdag
zhou er

lørdag
zhou liu

torsdag
zhou si

søndag
zhou ri

i går

zuo tian

i dag

jin tian

i morgen

ming tian

morgen

zao chen

middag

zhong wu

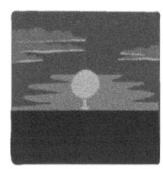

aften

wan shang

MO	TU	WE	TH	FR	SA	SU
1	2	3	4	5	6	7
8	9	10	11	12	13	14
15	16	17	18	19	20	21
22	23	24	25	26	27	28
29	30	31	1	2	3	4

arbejdsdage

gong zuo ri

MO	TU	WE	TH	FR	SA	SU
1	2	3	4	5	6	7
8	9	10	11	12	13	14
15	16	17	18	19	20	21
22	23	24	25	26	27	28
29	30	31	1	2	3	4

weekend

zhou mo

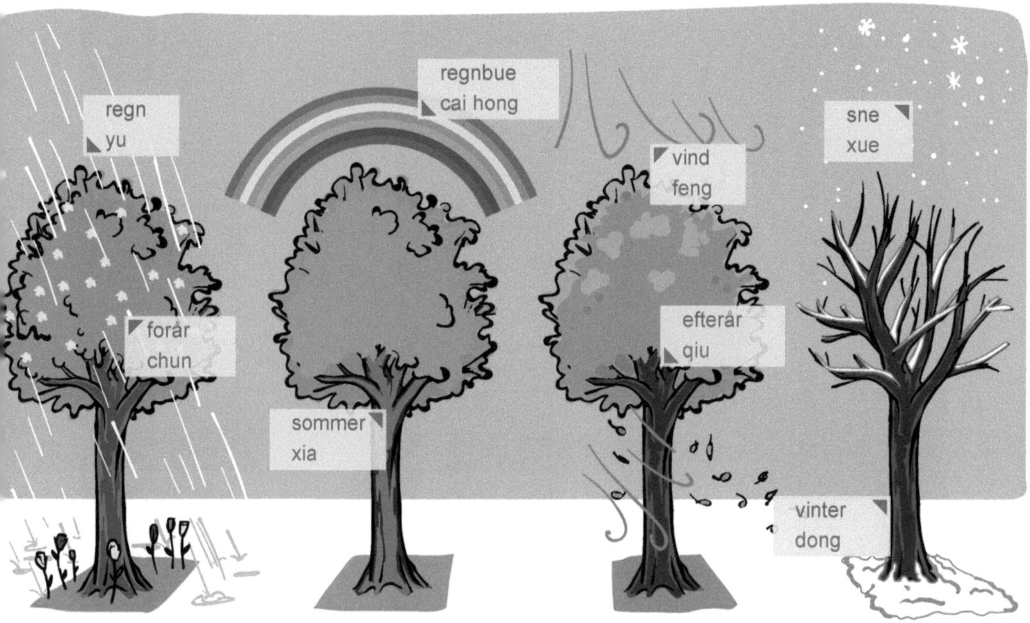
regn
yu
regnbue
cai hong
sne
xue
vind
feng
forår
chun
efterår
qiu
sommer
xia
vinter
dong

4.APRIL 11°
5.APRIL 4°
6.APRIL 13°
7.APRIL 8°
8.APRIL 10°

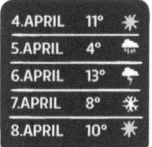

vejrudsigt

tian qi yu bao

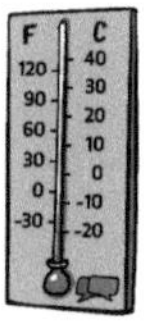

termometer

wen du ji

solskin

yang guang

sky

yun

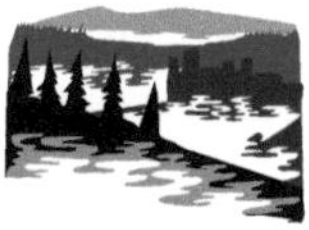

tåge

wu

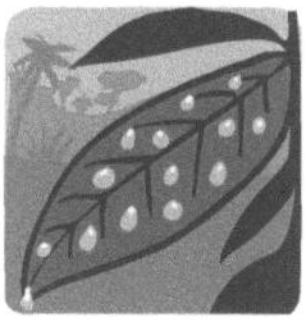

luftfugtighed

chao shi

lyn
shan dian

torden
da lei

storm
feng bao

hagl
bing bao

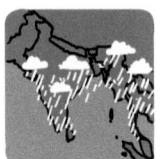

monsun
ji feng

flod
hong shui

is
bing

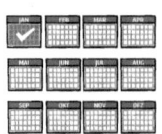

januar
yi yue

februar
er yue

marts
san yue

april
si yue

maj
wu yue

juni
liu yue

juli
qi yue

august
ba yue

år - nian

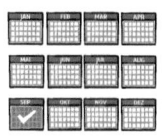

september
jiu yue

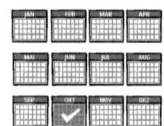

oktober
shi yue

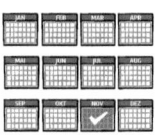

november
shi yi yue

december
shi er yue

former
xing zhuang

cirkel
yuan xing

kvadrat
zheng fang xing

firkant
chang fang xing

trekant
san jiao xing

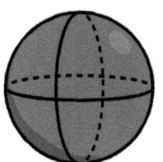

kugle
qiu ti

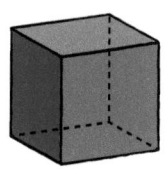

terning
li fang ti

hvid
....
bai

gul
....
huang

orange
....
cheng

pink
....
fen

rød
....
hong

lilla
....
zi

blå
....
lan

grøn
....
lü

brun
....
zong

grå
....
hui

sort
....
hei

meget / lidt
....
hen duo/shao xu

rasende / fredelig
....
sheng qi/ping jing

smuk / grim
....
mei/chou

begyndelse / slut
....
shou/wei

stor / lille
....
da/xiao

lys / mørk
....
ming/an

bror / søster
....
xiong di/jie mei

ren / snavset
....
gan jing/ang zang

fuldkommen / ufuldkommen
....
wan zheng/que shi

dag / nat
....
bai tian/wan shang

død / levende
....
si/sheng

bred / smal
....
kuan/zhai

spiselig / uspiselig

ke shi yong/fei shi yong

vred / venlig

xie e/shan liang

ophidset / kedet

xing fen/wu liao

tyk / tynd

pang/shou

først / sidst

di yi/zui hou

ven / fjende

peng you/di ren

fuld / tom

man/kong

hård / blød

ying/ruan

tung / let

zhong/qing

sult / tørst

e/ke

syg / rask

sheng bing/jian kang

illegal / legal

fei fa/he fa

intelligent / dum

cong ming/yu ben

venstre / højre

zuo/you

nær / fjern

jin/yuan

ny / brugt

xin/jiu

intet / noget

mei you/you xie

gammel / ung

lao/you

tændt / slukket

kai/guan

åben / lukket

da kai/he shang

stille / højt

an jing/chao nao

rig / fattig

fu/qiong

rigtig / forkert

dui/cuo

ru / glat

cu cao/guang hua

ked af det / lykkelig

shang xin/gao xing

kort / lang

duan/chang

langsom / hurtig

man/kuai

våd / tør

shi/gan

varm / kold

wen nuan/liang shuang

krig / fred

zhan zheng/he ping

0

nul

ling

1

en

yi

2

to

er

3

tre

san

4

fire

si

5

fem

wu

6

seks

liu

7

syv

qi

8

otte

ba

9

ni

jiu

10

ti

shi

11

elleve

shi yi

12
tolv

shi er

13
tretten

shi san

14
fjorten

shi si

15
femten

shi wu

16
seksten

shi liu

17
sytten

shi qi

18
atten

shi ba

19
nitten

shi jiu

20
tyve

er shi

100
hundrede

bai

1.000
tusinde

qian

1.000.000
million

bai wan

engelsk

ying yu

amerikansk engelsk

mei shi ying yu

kinesisk mandarin

pu tong hua

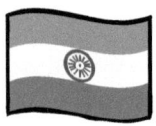

hindi

yin di yu

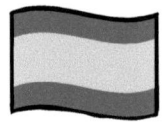

spansk

xi ban ya yu

fransk

fa yu

arabisk

a la bo yu

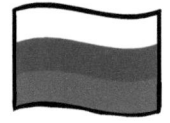

russisk

e yu

portugisisk

pu tao ya yu

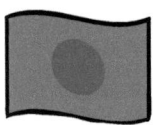

bengalsk

feng jia la yu

tysk

de yu

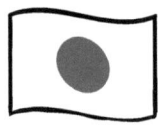

japansk

ri yu

jeg

wo

du

ni

han / hun / den / det

ta/ta/ta

vi

wo men

I

ni men

de

ta men

hvem?

shei?

hvad?

shen me?

hvordan?

zen yang?

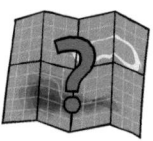

hvor?

na li?

hvornår?

shen me shi hou?

navn

ming zi

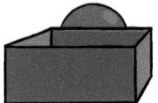

bag
....
hou mian

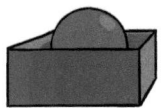

i
....
li mian

foran
....
qian mian

over
....
shang fang

på
....
shang mian

under
....
xia mian

ved siden af
....
pang bian

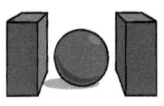

imellem
....
zhong jian

sted
....
di dian